BEI GRIN MACHT SICH IHR WISSEN BEZAHLT

- Wir veröffentlichen Ihre Hausarbeit,
  Bachelor- und Masterarbeit

- Ihr eigenes eBook und Buch -
  weltweit in allen wichtigen Shops

- Verdienen Sie an jedem Verkauf

Jetzt bei www.GRIN.com hochladen
und kostenlos publizieren

Bibliografische Information der Deutschen Nationalbibliothek:

Die Deutsche Bibliothek verzeichnet diese Publikation in der Deutschen National-bibliografie; detaillierte bibliografische Daten sind im Internet über http://dnb.d-nb.de/ abrufbar.

Impressum:

Copyright © 2017 GRIN Verlag
Druck und Bindung: Books on Demand GmbH, Norderstedt Germany
ISBN: 9783668883475

Dieses Buch bei GRIN:

https://www.grin.com/document/454887

Felix Dührsen

Verkaufsmanagement in einem mittelständischen Unternehmen. Die 13 Stufen des Verkaufs am praktischen Beispiel

GRIN Verlag

Deutsche Hochschule für

Prävention und Gesundheitsmanagement

Einsendeaufgabe

Studiengang:	WS2016
Name, Vorname:	Dührsen, Felix
Semester:	**2. Halbjahr (1. August bis 31. Dezember)**

Inhaltsverzeichnis

1   Verkaufsorganisation

Tab. 1: Allgemeine Angaben zum Unternehmen (eigene Darstellung)

Name und Standort (Stadt/Gemeinde) der Anlage:	Anmerkung der Redaktion: Namen aus redaktionellen Gründen entfernt
	Klassifizierung / Einordnung
Anlagenstruktur:	Gemischtes Studio (für Männer und Frauen)
Größe der Anlage:	300 bis 749 qm
Preisstruktur der Anlage:	60,00 € bis 89,99 €
Beschreibung der Kernleistungen	(siehe Aufgabe 1):

1.1   Verkaufsprozess im Ausbildungsbetrieb

In meinem Unternehmen werden drei Kernleistungen angeboten. Wir bieten Kursprogramme in festen Gruppen zu festgelegten Zeiten im Bereich Ringsport, Kampfkunst und fitnessorientiertem Boxen an. Der Verkaufsprozess ist für alle drei Programme identisch. Der Verkaufsprozess erstreckt sich über mehrere Tage und in der Regel drei verschiedene Termine, wobei sich für jeden Termin die Stufen Vorbereitung, Begrüßung und Empfang, sowie Aufbau einer positiven Beziehung im persönlichen Gespräch wiederholen. Falls es sich bei dem hereinkommenden Interessenten nicht um ein Walk-in handelt, sondern um einen vereinbarten Termin, so sieht der Verkaufsprozess in der Regel wie folgt aus.

Der Interessent wird zu einem Kennenlernen in unsere Akademie eingeladen. Vor diesem Termin erfolgt in Stufe 1 des Verkaufs die Vorbereitung auf mentaler Ebene in Form einer positiven Einstimmung, um den Interessenten freundlich empfangen zu können.

In der zweiten Stufe wird der hereinkommende Interessent am Empfang begrüßt und ihm ein Getränk angeboten. Ist der Termin da, bevor der zuständige Instruktor zur Verfügung steht, so wird gebeten in unserem Aufenthaltsraum kurz auf den Instruktor zu warten.

Der Instruktor stellt sich selbst vor und nimmt das persönliche Gespräch mit dem Interessenten auf zum Zwecke des gegenseitigen Kennenlernens. Darauf folgt eine Tour durch die Akademie, bei der die Vorteile und individueller Nutzen unserer Akademie für den Interessenten aufgezeigt werden. Das persönliche Gespräch geht parallel weiter. Bei der

3

Tour erhält der Interessent darüber hinaus einen groben Überblick über unsere Programme und weitere Leistungen.

Ist die Tour beendet und weiß der Interessent, welches Programm für seine Ziele am besten geeignet ist, dann wird ihm ein Einsteigerprogramm angeboten. Kostenpflichtig hat jeder Interessent die Möglichkeit ein Programm in zwei Einheiten zu testen und bekommt dazu noch die Basisausrüstung geschenkt.

An einem neuvereinbartem Termin erhält der potenzielle Neukunde seine Basisausrüstung. An diesem ersten Termin erfolgt ein weiteres Kennenlernen mit Bedarfsanalyse durch einen Interviewbogen, durch den zusätzlich persönliche Angaben eingeholt werden, als auch eine Einwandsvorbehandlung. Daraufhin werden dem potenziellen Schüler die Basistechniken und Unterrichtsstrukturen beigebracht. Am Beispiel des Kampfkunstprogramms beinhaltet dies eine Abwehrtechnik, eine Fausttechnik und eine Beintechnik, sowie die erste Schutzhaltung im Karate.

An einem zweiten Termin hat der potenzielle Schüler die Möglichkeit, in der Gruppe mit zu machen, um so das Programm noch näher kennenzulernen.

Während und nach der zwei Einheiten des Einsteigerprogramms erfolgt eine positive Bestätigung zu dem Angebot mit Hilfe von Bestätigungsfragen, wie z.B. „Gefällt dir der Unterricht?", eingeholt. Insbesondere am zweiten Termin für die Teilnahme in der Gruppe erfolgt die Integration des potenziellen Neuschülers durch Bekanntmachung mit bestehenden Schülern und Assistenten.

Nach dem das Einsteigerprogramm beendet wurde, erfolgt die Preispräsentation und Anmeldung. Die Mitgliedschaft wird vorausgefüllt gemeinsam durchgegangen und bedarf lediglich noch der Unterschrift.

Nach Anmeldung des neuen Schülers erfolgt die After-Sales-Betreuung, wobei dem Neuschüler in erster Linie ein gutes Gefühl für seine Entscheidung mitgegeben werden soll.

Zuletzt wird in der Nachbereitung für den Schüler eine Anwesenheitskarte ausgefüllt und die Anmeldung, sowie Interviewbogen in die Verwaltung weitergegeben.

1.2 Vergleich mit den 13 Stufen des Verkaufs

Tab. 2: Vergleich mit den 13 Stufen des Verkaufs (eigene Darstellung)

#	13 Stufen Modell	Unser Verkaufsprozess	Unterschiede und Übereinstimmungen
1.	Vorbereitung	Vorbereitung	Diese Phasen sind weitestgehend identisch.
2.	Kontaktaufnahme	Begrüßung und Empfang	Diese Phase wird in meinem Unternehmen durch den Einbau eines Zeitpuffers ergänzt.
3.	Aufbau einer persönlichen Beziehung	Aufbau einer positiven Beziehung im persönlichen Gespräch	Diese Phasen sind weitestgehend identisch, wobei in diesem Gespräch bereits eine grobe Bedarfsanalyse durch entsprechende Fragen zu Interessen, Wünschen und Motiven geschieht.
4.	Bedarfsanalyse	Programmvorstellung und aufzeigen der Vorteile der Akademie	Statt einer detaillierten Bedarfsanalyse erhält der Interessent zunächst einen groben Überblick über unsere angebotenen Kurse und lernt die Vorteile unseres Studios kennen.
5.	Angebotspräsentation	Angebotspräsentation der Einsteigerprogramme	Statt der eigentlichen Leistung, wird an dieser Stelle lediglich das Einsteigerprogramm präsentiert und verkauft.
6.	Angebots- und Bestätigungsphase	Wiederholung der Stufen 1 bis 3 bei neuem Termin	Da das eigentliche Angebot noch nicht präsentiert, bzw. getestet wurde, erfolgt die Angebots- und Bestätigungsphase zu einem späteren Zeitpunkt.
7.	Grundsatzentscheidung	Bedarfsanalyse und ausfüllen des Interviewbogens	Eine Grundsatzentscheidung nimmt im Verkaufsprozess keinen festen Bestandteil ein. Stattdessen erfolgt hier die Bedarfsanalyse. Durch den Interviewbogen geschehen die Bedarfsanalyse und die Einwandsvorbehandlung, wie in Stufe 4 der 13 Stufen des Verkaufs.
8.	Preispräsentation für die Mitgliedschaft	Integration der potenziellen Neuschüler durch Bekanntmachung mit Schülern	Die Preispräsentation erfolgt erst nach dem Einsteigerprogramm. Im Gegensatz zu den 13 Stufen des Verkaufs erfolgt die Integration noch vor der Preispräsentation.
9.	„Ja" zur Mitgliedschaft	Einsteigerprogramm/Angebotsprobe	An dieser Stelle erfolgt die Angebotspräsentation, in dem der potenzielle Neukunde das Programm testet, bzw. mit macht. Eine explizite „Ja"-Phase gibt es nicht in unserem Verkaufsprozess.
10.	Preispräsentation für das Starterpaket	Angebots- und Bestätigungsphase	Diese Stufe ist wie die Bestätigungsphase in Stufe 6 des 13 Stufen-Modells zu verstehen. Starterpakete gibt es in unserem Studio noch nicht.
11.	Vorabschluss	Preispräsentation	Nach dem das Einsteigerprogramm beendet wurde, erfolgt die Preispräsentation und Anmeldung, welche an dieser Stelle nur noch Formsache sein soll. Ein Vorabschluss wird nicht durchgeführt.
12.	Abschluss einer Mitgliedschaft	Unterzeichnung der Mitgliedschaft	Wie auch im 13 Stufen-Modell ist dies nun noch Formsache. Diese Phasen gleichen sich also.
13.	After-Sales-Betreuung	After-Sales-Betreuung	Diese Phase ist der, der 13 Stufen des Verkaufes, identisch.
14.		Nachbereitung	Die After-Sales-Phase wird durch organisatorische Tätigkeiten in einer extra Phase ergänzt.

Zu Stufe 1: Die Vorbereitungsstufe gleicht der des 13 Stufen-Modells hinsichtlich der mentalen Vorbereitung. Allerdings wird in der Regel kein Material benötigt, das für das Kennenlernen vorbereitet werden muss. Somit fällt dieser Aspekt in unserem Verkaufsprozess weg.

Zu Stufe 2 und 6: Die Kontaktaufnahme geschieht gleichermaßen. Die Zeitüberbrückung ist notwendig, da aufgrund der Personaldeckung i.d.R. kein Mitarbeiter ohne Aufgabe ist.

Zu Stufe 3: Da die Bedarfsanalyse auf dem Interviewbogen nur oberflächlich stattfindet und für die Wahl des passenden Einsteigerprogrammes eine gewisse Bedarfsanalyse bereits nötig ist, bietet das persönliche Gespräch die Möglichkeit dafür.

Zu Stufe 4: In der Unternehmensphilosophie verankert ist der Verkaufsprozess als „Fishing" definiert. Wie ein Angler dem Fisch seine Angel mit einem Wurm schmackhaft macht, wird dem Interessenten unser Dojo, was so viel wie Studio in unserer Fachsprache bedeutet, schmackhaft gemacht.

Zu Stufe 5: Da unsere Dienstleistung vielen noch fremdartig ist und unsere Leistung nicht greifbar, bieten wir jedem Interessenten die Möglichkeit unsere Dienstleistung zu erleben und zu erfahren, um ihn auf diese Weise von unseren Programmen und der Dojo-Atmosphäre zu überzeugen.

Zu Stufe 7: Eine Grundsatzentscheidung zur Sache, bzw. unseren Programmen ist on den Augen des Studio-Managements nicht nötig. Grund dafür ist das Gesetzt der Anziehung. Das sagt Menschen mit gleichen Glaubenssätzen werden von einander angezogen. Somit ist die Grundsatzentscheidung mit dem Betreten unserer Akademie bereits getroffen und bedarf keiner weiteren Erörterung.

Zu Stufe 8: Die Preisfrage wird grundsätzlich so lange vermieden wie möglich. Die Unternehmensphilosophie sagt, dass wenn der Kunde den Wert unserer Leistung erkannt hat, ihm jeder Preis recht ist. Somit fokussieren wir uns auf unsere Leistung, nicht den Preis.

Zu Stufe 9: Die Begründung knüpft an Stufe 8 an. Der Kunde muss unsere Leistung erkennen.

Zu Stufe 10: Dass es (noch) kein Starterpacket gibt, liegt in der historischen Entwicklung und grob gesagt in einigen Personalkrisen begründet und somit keiner diese Aufgabe wahrnehmen konnte.

Zu Stufe 11: Die Begründung knüpft an der für Stufe 8 und 9 an. Es ist in der Unternehmensphilosophie so verankert. Die Entscheidung für oder gegen die Mitgliedschaft sollte bereits in der Bestätigungsphase getroffen sein.

Zu Stufe 12 und 13: Die Begründung ist dieselbe wie im 13 Stufen-Modell.

Zu Stufe 14: Dieser Schritt stellt eine eigene Stufe dar, da sie größtenteils von einer anderen Abteilung durchgeführt wird.

1.3 Verkaufsprozessoptimierung

Zur Optimierung Verkaufsprozesses in meinem Ausbildungsunternehmen sehe ich drei Möglichkeiten, um insbesondere die Qualität unserer Dienstleistung zu steigern. Zu aller erst fällt auf, dass es bei uns noch keine Starterpakete gibt. Dennoch bietet eine Implementierung von Starterpaketen einige Vorteile. Da unsere Schüler die meisten Ausrüstungsgegenstände ohnehin später benötigen, kann damit ein zeitlich vorgezogener Zusatzumsatz generiert werden. Durch den vorgezogenen Umsatz, kann auf die Weise ein gewisser Rabatt an unsere Mitglieder weitergegeben werden.

Darüber hinaus sollte eine Willkommensmappe eingeführt werden. Eine Willkommensmappe kann dann eine wichtige Informationsfunktion übernehmen. Auf diese Weise können schnell und einfach mit der Zeit aufkommende Fragen über beispielsweise Hausregeln oder unsere Programme und Hintergründe im Vorwege geklärt werden Zudem kann eine gute Willkommensmappe einen Begeisterungsfaktor darstellen, durch den dem Kunden eine weitere positive Kaufbestätigung gegeben werden kann. Außerdem sollte eine Willkommensmappe für mein Unternehmen eine Form von Gastkarten enthalten, um auf diese Weise passiv Neukunden werben zu können. Was genau und wie viel in dieser Mappe beinhaltet werden soll, ist an anderer Stelle zu prüfen. Eine genaue Ausarbeitung würde den Rahmen dieser Einsendeaufgabe überschreiten.

Da die Bedarfsanalyse lediglich einen einfachen Interviewbogen darstellt, bietet es sich an, diesen von potenziellen Schülern ausfüllen zu lassen. Eine tiefgehende Bedarfsanalyse zusätzlich zum persönlichen Gespräch im Verkaufsprozess ist möglicherweise gar nicht nötig, bzw. stellt eventuell nur weiterer Zeitaufwand ohne zusätzlichen Nutzen dar, da die Kundenbindung bereits sehr stark ist bei uns. Somit ist zu prüfen, welche Form der Bedarfsanalyse am besten für unser Studio geeignet ist. Reicht eine passive Bedarfsanalyse durch das Ausfüllen des Interviewbogens durch den potenziellen Schüler? Oder bedarf es eines persönlichen Interviews? Wie ist das Verhältnis von Zeitaufwand und Nutzen? Diese Fragen der Verkaufsprozessoptimierung müssen an anderer Stelle geklärt werden, da dies den Rahmen der Einsendeaufgabe überschreitet.

2 Kundenorientierung

2.1 Konzept der Selbstkonkordanz – Transformation der Modi

Das Institut für Sport und Sportwissenschaft der Albert-Ludwigs-Universität Freiburg definiert Selbstkonkordanz als das Ausmaß, in dem Ziele den authentischen Interessen und Werten einer Person entsprechen. Umso mehr ein Ziel den persönlichen Interessen, Wünsche und Bedürfnisse entspricht, desto höher ist die Selbstkonkordanz (Das Selbstkonkordanz-Modell — Institut für Sport und Sportwissenschaft).

Die vier Modi der Selbstkonkordanz stellen im Selbstkonkordanz Modell die Abstufungen der Selbstkonkordanz dar. Die niedrigste Selbstkonkordanz zeigt sich im externalen Modus und die höchste Selbstkonkordanz im intrinsischen Modus.

Beim externalen Modus geschieht der Anlass der Zielauswahl lediglich aufgrund äußerer Anreize oder aufgrund äußerer Zwänge. Im intrinsischen Modus wird ein Ziel um seiner selbst willen ausgewählt und verfolgt. Es bedarf also keinerlei Anreize. Der introjizierte Modus liegt vor, wenn die dem Ziel zugrundeliegenden Werte nicht die eigenen Werte sind, aber diese Werte dennoch als sinnvoll erachtet werden. Und der identifizierte Modus liegt vor, wenn die zugrundeliegenden Werte auch die eigenen sind. Es gilt nun also Strategien aufzuzeigen, mit denen das Ausmaß der Übereinstimmung von persönlichem Wertesystem und Ziel gesteigert werden kann.

Die erste Strategie hat zum Ziel die zugrundeliegenden Werte für ein Ziel aufzuzeigen. Ein Kunde kann vom externalen Modus in den introjizierten Modus gelangen, indem zunächst Aufklärungsarbeit durch Infomaterial geleistet wird. Das Infomaterial dient dazu, allgemeingültige Gründe für ein bestimmtes Ziel oder Zielverhalten, wie z.B. das Sporttreiben, aufzuzeigen. In einer weiteren Maßnahme kann dem Kunden durch Wertearbeit, also gemeinsamem reflektieren und thematisieren von Zielen in einer Gruppe oder in einem persönlichem Gespräch, gezeigt werden, welche Gründe andere Personen für ihr Zielverhalten haben. In beiden Maßnahmen gilt es die verschiedensten Ziele und Gründe für den Kunden als grundlegend sinnvoll erscheinen zu lassen.
Die zweite Strategie hat zum Ziel aus den allgemeinen Werten, die einem bestimmten Ziel zugrunde liegen, diejenigen Werte aufzuzeigen, die der Kunde selbst verinnerlicht hat. Ein Kunde kann vom introjizierten Modus in den identifizierten Modus gelangen, indem zunächst die begonnene Wertearbeit fortgeführt wird. Dabei gilt es die

Übereinstimmungen zwischen eigenen Werten und der Gesamtheit an möglichen Gründen für das Zielverhalten ziehen. In einer zweiten Maßnahme wird durch Förderung der Wahrnehmung von Ergebnissen und Aufzeigen von Erfolgen, dem Kunden aufgezeigt, dass das Zielverhalten zu einem gewünschten Ergebnis führt. Damit wird in beidem Maßnahmen eine Veränderung der inneren Einstellung zu den Zielen erzeugt und die Identifikation erhöht.

Die dritte Strategie hat zum Ziel die Identifikation mit einer Sache so weit zu erhöhen, dass kein Ziel mehr nötig ist für das entsprechende Verhalten, sondern dass das Verhalten aus seiner selbst willen erzeugt wird. Das bedeutet der Kunde soll Spaß an der Sache haben und braucht keinen weiteren Anreiz.

Ein Kunde kann vom identifizierten Modus in den intrinsischen Modus gelangen, indem zunächst Erfolge aufgezeigt werden und die Selbstwahrnehmung von eigenen Erfolgen gefördert wird. Da Erfolg grundsätzlich Spaß macht, führt das Verhalten, z.B. das Sporttreiben, zu mehr Spaß, bzw. zu Spaß an der Sache selbst. In einer weiteren Maßnahme kann durch gezieltes Feedback Wertschätzung und Lob geäußert werden. Daraus resultiert noch stärkere intrinsische Motivation.

2.2 Kundenbindung

Motivation wird vom Gabler Wirtschaftslexikon als ein Zustand einer Person definiert, der diese Person zur Wahl einer bestimmten Handlungsalternative zur Erreichung eines bestimmten Zieles oder Ergebnisses veranlasst. Motivation sorgt darüber hinaus dafür, dass ein Verhalten in Intensität und Richtung beibehalten wird (Definition » Motivation « | Gabler Wirtschaftslexikon 2017) Ein Motivationsloch dagegen beschreibt den Mangel oder die Abwesenheit von Motivation. In meinem Unternehmen gibt es einige Maßnahmen, um einem Motivationsloch entgegen zu treten. Einige davon möchte ich im Folgenden vorstellen.

Eine tagtäglich angewandte Maßnahme nennt sich LKL-Methode. Dabei stehen die Kürzel für Lob, Kritik, Lob. In jedem Unterricht wird dies eingebaut, wann immer es passt. Nach dem Sandwichprinzip wird Kritik in Lob verpackt. Auf diese positive und konstruktive Weise werden den Schülern Herausforderungen gestellt, bzw. Verbesserungspotenzial aufgezeigt. Dies aktiviert bei den Schülern den Ehrgeiz sich zu verbessern. Gefördert wird dies durch das Lob und die damit einhergehende Wertschätzung. Das Lob wirkt aufbauend und erfreut den Schüler. Wie in Aufgabe 2.1. aufgezeigt, steckt dahinter die zweite Maßnahme zur Hilfe in den intrinsischen Modus. Diese Maßnahme ist deswegen so wertvoll, weil sie einfach handzuhaben und tagtäglich anwendbar ist und darüber hinaus stärkt es die Beziehung zwischen Schüler und Instruktor. Die zweite Maßnahme, das regelmäßige Feedback, beruht ebenfalls auf der Strategie zur Hilfe in den intrinsischen Modus. Wie auch die LKL-Methode dient das Feedback der verbesserten Selbstwahrnehmung, aber auch der Äußerung von Wertschätzung und Lob. Daraus resultiert letztendlich die intrinsische Motivation. Wertschätzung macht Spaß, bzw. schafft Freude und damit auch das Verhalten selbst, wie beispielsweise das Praktizieren von Karate. Im Gegensatz zur LKL-Methode funktioniert diese Maßnahme besonders gut in Anwesenheit von Dritten, wie beispielsweise den Eltern von Kindern. Auf diese Weise wird hier das Kind vor anderen Menschen gelobt und aufgebaut, was zu innerer Stärke führt. Außerdem wichtig ist, dass die Eltern, die eigentlichen Kunden, auch vom Erfolg ihres Kindes erfahren. Erkannte Erfolge des Kindes motivieren dann die Eltern, weiterhin Kunde zu bleiben, um weitere Erfolge zu sehen.

Die dritte Maßnahme, das Visualisieren von Zielen, dient dem Fokus auf ein bestimmtes Ziel. In unserer Akademie ist dies meist der Schwarzgurt im Karate. Das Visualisieren geschieht zumeist im Unterricht, in dem das Ziel und Symbol des Schwarzgurtes bildhaft mit allen damit einhergehenden Eigenschaften, sei es innere und äußere Stärke, Wissen, Können, Fitness, Prestige, o.ä. beschrieben wird. Auch diese Maßnahme ist deswegen so wertvoll, weil sie die Kundenbindung im weiteren Sinne verstärkt.

Die letzten zwei Strategien beruhen auf ein Belohnungssystem, also eher extrinsischer Motivation, welches besonders am Anfang für eine dauerhaftanhaltende Motivation sorgen kann, auch wenn die Selbstkonkordanz relativ niedrig ist.

Als wöchentlich Belohnung dienen unsere Themenstreifen für die Kinderprogramme. Jede Woche steht der Unterricht unter einem von acht Themen, bzw. Werten. Ist diese Woche beispielsweise das Thema Disziplin für den braunen Streifen, dann erhält jedes Kind einen braunen Streifen für seinen Gürtel, wenn es eine gute Disziplin bewiesen hat. Bevor die große Belohnung, der nächste Gürtel, erreicht werden kann, muss man alle acht Streifen besitzen. Auf diese Weise beinhaltet jede Unterrichtseinheit ein greifbares Zwischenziel. So kann immer wieder aufs Neue kurzfristig motiviert werden.

Die letzte Maßnahme, Gürtelprüfungen, stellen weitere Zwischenziele, bzw. Meilensteile, dar. Mit jedem neuen Gürtel beginnt das Themenstreifensammeln von vorne. Und um das große Ziel, den Schwarzgurt, zu erreichen, müssen alle sieben Schülergraduierungen durchlaufen werden. Dabei hat die Gürtelprüfung selbst immer einen fordernden

Charakter und die Gürtelverleihung, also der Erhalt eines neuen Gürtels, einen fördernden und motivierenden Charakter, da die Gürtel ein greifbares und optisch sichtbares Zeichen von Erfolg darstellen und letztlich die Belohnung für zuvor erbrachte Leistung sind.

2.3 Zusatzverkäufe

Mein Unternehmen erzielt primär auf drei Wegen Zusatzeinnahmen. Diese lassen sich in die drei Bereiche Empfangsbereich, Aufenthaltsraum und Trainingsfläche einteilen. Am Empfang direkt gibt es die Möglichkeit, sich mit kalten Getränken für vor, während oder nach dem Training zu versorgen, oder sich Jetons für den Kaffeeautomaten zu kaufen. Im Aufenthaltsraum selbst steht der Kaffeeautomat mit unserer Kaffeebar, an der man Kaffee, Tee oder heißen Kakao erhält. Zusätzlich dient der Aufenthaltsraum zur Präsentation von Ausrüstungsgegenständen, wie Kopfschutz und Mundschutz, Equipment, wie Springseil und Sporttaschen, und Lifestyle-Artikeln, wie Hoodies und Caps. Darüber hinaus werden Zusatzeinnahmen über Veranstaltungen, Lehrgänge und Privatunterricht generiert. Diese Events und Weiterbildungsmöglichkeiten werden auf der Trainingsfläche während des Trainings bekanntgegeben und beworben.

Um weitere Zusatzverkäufe tätigen zu können, kann das Produktsortiment erweitert werden. Mögliche Erweiterungen sehe ich in den Produktfeldern Nutrition und Equipment. Über Kalt- und Heißgetränke hinaus sollte eine neue Produktpalette angeboten werden. Diese Produktpalette sollte u.a. Proteinpulver, Proteinshakes und Sportgetränke, sowie Proteinriegel und Magnesiumpräparate beinhalten. Zielgruppe für diese Produkte sind zuerst einmal diejenigen, die leistungsorientiert im Kickboxen trainieren. Das Verkaufsargument für diese Zielgruppe ist die mit der Einnahme einhergehende Leistungssteigerung und schnelle Regeneration. Für die zweite Zielgruppe, die fitnessorientierten Boxer, ist eine attraktivere Figur durch die Ergänzung zum Training das beste Argument. Und zum Schluss sind die Kinder, die gerne mal Naschen und die Sportgetränke, der Apfelschorle vorziehen, zu nennen. Für diese Zielgruppe, bzw. deren Eltern, ist das Verkaufsargument die gesündere und dennoch leckere Alternative zu konventionellen Süßigkeiten. Zusätzlich würde der Verkauf von Equipment für das Heimtraining unser Produkteangebot bereichern. Pratzen, Sandsäcke und Stoßkissen können dann von unseren Schülern im Ringsport und Kampfkunstprogramm erworben werden, um auch zu Hause auch mit Eltern oder Freunden trainieren zu können. Die Hauptzielgruppe stellen die Kinder dar.

11

So wie andere Eltern mit ihren Kindern Fußball im Garten spielen, üben unsere Kinder gerne mit ihren Eltern zu Hause.

Darüber hinaus stellen Handtücher und Trinkflaschen eine weitere Möglichkeit für den Verkauf von Equipment dar. In jeder Einheit wird ohnehin viel geschwitzt und der ein oder andere muss zwischendurch etwas trinken. Insbesondere im Sommer werden Trinkflaschen und Handtücher aufgrund der Temperaturen benötigt. Was unseren Schülern also fehlt, um voll mit Lemmens-Optik ausgestattet zu sein, sind Trinkflasche und Handtuch mit unserer Corporate Identity.

3   Teams, Motivation & Führung

3.1 Teamentwicklung

Die Forming-Phase ist die Phase des Einstiegs und der Findung. Die Teammitglieder lernen sich kennen. Für gewöhnlich verhält sich jeder Einzelne höflich und distanziert, um Wünsche und Ziele mit den anderen Mitgliedern abzugleichen (Markus Ebner 2013, S.26-27). Damit das Kennenlernen nicht zu zeitintensiv ausfällt, sollte der Teamleiter das gegenseitige Kennenlernen fördern, indem er eine Plattform für offenen Austausch schafft. Dies kann ihm gelingen, indem er klare Vereinbarungen der Kommunikation trifft. Zusätzlich sollte der Teamleiter die Zusammengehörigkeit und das Zusammensein forcieren durch gemeinsame Aktivitäten. Auf diese Weise werden der Austausch und die Kommunikation gefördert durch erzwungene Aufhebung der vorherrschenden Distanz unter den Teammitgliedern. Diese Maßnahmen sind wichtig, um aus dem distanzierten Miteinander in die nächste Phase übergehen zu können. Ohne diese Maßnahmen verweilt das Team möglicher Weise noch für eine lange Zeit in dieser ersten Phase.

Die Storming-Phase ist geprägt von Konflikten innerhalb der Gruppe. Ein Grund für die Konfliktbildung ist das Bestreben jedes Individuums für sich die optimale Rolle innerhalb der Gruppe einzunehmen. Dabei kann jede Rolle nur von einer Person ausgefüllt werden. Es kommt darüber hinaus zu Cliquen- und Meinungsbildung. Dabei kann es dazu kommen, dass die zuvor festgelegten Gruppennormen angefochten werden. Das Risiko des Auseinanderbrechens aufgrund der vorherrschenden Konflikte ist in dieser Phase am größten (Franziska Herold 2003, S.9). Um nicht in dieser konfliktträchtigen Phase stecken zu bleiben oder das Auseinanderbrechen zu riskieren, ist es wichtig, dass die Führungsrolle durch den Teamleiter übernommen wird. Sollte der Teamleiter diese Rolle nicht gerecht werden, wird diese möglicherweise von einem anderem Teammitglied beansprucht (Markus Ebner 2013, S.27). Die erste Maßnahme für den Teamleiter sollte also sein, eine klare Führungslinie mit Hilfe von konkreten Regeln und Anweisungen aufzuzeigen. Darüber hinaus ist es wichtig, dass das Team abseits der Konflikte motiviert an einer gemeinsamen Aufgabe arbeitet. Für den Übergang in die nächste Phase muss ein Wir-Gefühl aufkommen. Somit sollte es die Aufgabe des Teamleiters sein, ein gemeinsam erstrebenswertes Ziel zu formulieren und so jedes einzelne Teammitglied motivieren.

Die Norming-Phase ist geprägt von der Entwicklung neuer Regeln, Umgangsformen und Verhaltensweisen für die optimale Zusammenarbeit. Dabei kommt die Initiative häufig von den Teammitgliedern selbst. Zudem werden verschiedene Standpunkte zusammengeführt, was das Konfliktpotenzial entschärft und Mobbing verhindert (Markus Ebner 2013, S.28). Für den Teamleiter ist es wichtig, dass die getroffenen Vereinbarungen auch von jedem einhalten werden, um neue Konflikte zu vermeiden. Somit ist es seine Aufgabe, die Einhaltung der Teamregeln zu prüfen. Um das Team in die Performing-Phase zu überführen, bedarf es regelmäßiger Visualisierung und Motivation für das gemeinsame Ziel. Dies kann in regelmäßigen Meeting oder Einzelgesprächen geschehen.

Die Performing-Phase ist geprägt von respektvollem und wertschätzendem Umgang, Hilfsbereitschaft, Offenheit der Teammitglieder und einer hohen Leistungsfähigkeit. Darüber hinaus bildet sich ein solidarisch nach außen auftretendes Team. Für jeden Teamleiter ist dies der Zielzustand seines Teams (Markus Ebner 2013, S.28). Da die Zusammenarbeit bereits gefestigt ist, ist es nun das Ziel des Teamleiters die Performance jedes Teammitglieds weiter zu optimieren. Dies kann durch Weiterentwicklungsmaßnahmen, wie Schulungen und Weiterbildung, geschehen. Darüber hinaus sollte die herrschende Atmosphäre gefördert werden. Der respektvolle und wertschätzende Umgang sollte weiter gepflegt werden und durch regelmäßiges Lob und Anerkennung gefördert werden.

Besonders gefordert ist der Teamleiter in der Phase des Storming, da er hier die Rolle des Konfliktmanagers einnimmt. In dieser kritischsten konfliktgeprägten Phase ist die Gefahr, dass das Team auseinanderbricht am größten. Zudem kommt noch die Tatsache, dass in Rahmen der Rollenverteilung auch die für den Teamleiter vorgesehene Führungsrolle, wie schon oben beschrieben, umstritten ist. Der Teamleiter muss sich also stark aktiv engagieren und seine Rolle möglicherweise umkämpfen. Somit ist für den Teamleiter diese Phase sicherlich die mühsamste (Markus Ebner 2013, S.27). Zusammenfassend lässt sich sagen, dass der Teamleiter in der Storming-Phase am aktivsten einschreiten muss, während in den anderen Phasen eher im Hintergrund die Rahmenbedingungen für die Teamentwicklung schafft.

3.2 Motivation

Das Gabler Wirtschaftslexikon definiert den Begriff Provision als „Regelmäßig in Prozenten einer Wertgröße (z.b. vom Umsatz) berechnete Form der Vergütung für geleistete Dienste; z.t. auch als Arbeitsentgelt für Arbeitnehmer, meist neben anderen Leistungen gewährt" (Definition» Provision « | Gabler Wirtschaftslexikon). Eine Gruppenprovision ist der Definition entsprechend eine regelmäßige in Prozenten einer Wertgröße berechnete Form der Vergütung für geleistete Dienste für eine Gruppe von Arbeitnehmern. Vorteil dieser Provisionsform ist in erster Linie die Förderung von Teamwork im Unternehmen, da alle Mitarbeiter gemeinsam für den Erfolg und damit auch der Gruppenprovision verantwortlich sind. Eine gute Zusammenarbeit unter den Mitarbeitern fördert das positive Betriebsklima und wirkt somit stark intrinsisch motivierend. Beispielsweise ich als Mitarbeiter habe mehr Spaß an der Arbeit, wenn ich mich gut mit meinen Kollegen verstehe. Wichtiger aber noch ist bei einer Provision ist der monetäre Anreiz. Eine Provision selbst, unabhängig ob Einzel- oder Gruppenprovision, hat zum Ziel, die Arbeitnehmer extrinsisch zu motivieren. Für die Gruppenprovision gilt: umso besser das Team zusammenarbeitet, desto größer der Unternehmenserfolg, umso größer fällt auch die Provision aus.

Zusammengefasst lässt sich sagen, dass eine Gruppenprovision sowohl extrinsisch, sowie intrinsisch motiviert. Somit scheint die Gruppenprovision eine gute Maßnahme zur Motivationssteigerung. Allerdings fällt der Motivationseffekt bei einer Einzelprovision größer aus. Zumindest was den monetären Anreiz angeht. So ist das Provisionspotenzial bei einer Einzelprovision höher, als bei einer Gruppenprovision. Ein monetärer Anreiz wirkt auf den Einzelnen immer nur dann positiv aus, wenn man selbst eine höhere Provision als die anderen erhält. Hier spielt der Kontrasteffekt eine Rolle. Erhält man eine höhere Provision als die Kollegen ist die Motivation höher, als wenn die Provision für alle gleich ausfällt (Dobelli und Lang 2015, S. 41- 43)

Hinzu kommt die Tatsache, dass eine Provision abhängig von einer Gruppenleistung zu Social Loafing führt. Social Loafing beschreibt den Abfall der individuellen Leistung, wenn man in einem Team arbeitet. Statt, dass jeder hundert Prozent seiner Leistung einbringt, tendieren wir Menschen zum Faulenzen, da unsere Einzelleistung nicht auffällt

(Dobelli und Lang 2015, S. 137- 139). Schlussendlich motiviert eine Gruppenprovision also eher zum Faulenzen, statt zu höherer Leistung, da wir als einzelne Person nicht alleine für den Gruppenerfolg zuständig sind.

Abschließend lässt sich sagen, dass eine Gruppenprovision das Teamwork und die Atmosphäre innerhalb einer Gruppe durchaus verbessern kann. Jedoch fällt der Motivationseffekt durch andere Maßnahmen sicherlich größer aus. So wäre konträr zum Social Loafing Effekt eine Einzelprovision zur Motivation durch extrinsische Anreize besser geeignet. Intrinsische Motivation durch gesteigertes Teamwork ist durch andere Maßnahmen, wie beispielsweise Firmenevents, sicherlich effektiver und auf lange Sicht kostengünstiger erreichbar.

3.3 Führung

Im Fallbeispiel 1 handelt es sich um einen direktiven Führungsstil. Der direktive Stil zeichnet sich aus durch klare Anweisungen, Einforderung von Gehorsam und strenge Überwachung (Daniel Goleman 2002). Die Führungskraft in diesem Beispiel gibt nach eigener Aussage „exakte Vorgaben" durch u.a. „To Do-Listen", macht regelmäßige „Kontrollgänge" und seine Mitarbeiter bekommen von ihm darüber hinaus „exakte Anweisungen", was sie zu tun haben. All diese Punkte sind Eigenschaften eines direktiven Führungsstils. Darüber hinaus zeigt die Führungskraft in diesem Beispiel deutlich auf, dass seine Mitarbeiter keinerlei Mitsprache haben. So sagt die Führungskraft hier aus, dass seine Mitarbeiter ab und an mit Verbesserungsvorschlägen auf ihn zu kommen, diese redet er ihnen jedoch gleich wieder aus. Fehlende Mitsprache und Wertschätzung dessen, sprechen also gegen einen affiliativen oder partizipativen Führungsstil.

Im Fallbeispiel 2 handelt es sich um einen affiliativen Führungsstil. Dieser Stil zeichnet sich aus durch Harmonie und Konsens zwischen Mitarbeitern und Führungskraft, vertrauensvolle Zusammenarbeit und Zustimmung aller Beteiligten bei Entscheidungen. Da viel Wert auf das Zwischenmenschliche gelegt wird, kann das Unternehmen, bzw. die Arbeitsgruppe mit einer Familie verglichen werden (Daniel Goleman 2002) . Die Führungskraft in diesem Beispiel sagt selbst aus, dass in seinem Team jeder jedem hilft. Außerdem pflegt diese Führungskraft eine Mitarbeiterkultur von Harmonie und Zusammenhalt durch gemeinsame Freizeitgestaltung. Dieses Streben nach harmonischer Zusammenarbeit steht für den affiliativen Führungsstil. Allerdings, was für Start-ups typisch erscheint, steckt auch etwas vom visionären Führungsstil drin. Dies zeigt sich in der

Möglichkeit der freien Entfaltung und Entwicklung der einzelnen Mitarbeiter. Darüber hinaus unterhält sich das Team regelmäßig über gemeinsame Ziele und Visionen für das Unternehmen, was ebenfalls stark für einen visionären Führungsstil spricht. Basis jedoch dafür, so sagt es auch die Führungskraft, ist die Wohlfühlatmosphäre aus Teamwork und harmonischem Zusammenhalt. Obwohl die Mitarbeiter viel Einfluss in den Entscheidungen haben durch Konsensfindung haben, nehmen sie der Führungskraft keine Entscheidung ab. Dies schließt einen partizipativen Führungsstil aus. Auch der direktive Führungsstil ist auszuschließen, da es sich klar um eine gegeneilige Art des Führens zum Beispiel Nummer 1 handelt.

4   Controlling

4.1   Kennzahlen im Vertrieb

Tab. 3: Berechnung der Verkaufskennzahlen Q1 (eigene Darstellung)

	Elisabeth	Andreas	Anne
Telefonquote = Anzahl der vereinbarten Beratungstermine/ Anzahl Interessentenanrufe	(91+84+79)/(115 +103+100)*100 = 79,87 %	(89+96+86)/(112 +126+120)*100 = 75,70 %	(71+82+84)/(196 +182+183)*100 = 42,25 %
Termineinhaltungsquote = Anzahl der erschienenen Beratungstermine/ Anzahl der vereinbarten Beratungstermine	(62+58+60)/(91+ 84+79)*100 = 70,87 %	(85+76+74)/(89+ 96+86)*100 = 86,72 %	(41+40+43)/(71+ 82+84)*100 = 52,32 %
Abschlussquote = abgeschlossene Mitgliedschaften/ durchgeführte Beratungstermine	(29+22+22)/(62+ 58+60)*100 = 40,56 %	(73+67+65)/(85+ 76+74)*100 = 87,23 %	(35+36+36)/(41+ 40+43)*100 = 86,29 %

Zur Übersicht werden die Kennzahlen in der folgenden Tabelle erneut dargestellt. Grün markiert stehen die Top-Werte unter den Vertriebsmitarbeitern.

Tab. 4: Verkaufskennzahlen Q1 im Vergleich (eigene Darstellung)

	Elisabeth	Andreas	Anne
Telefonquote	79,87 %	75,70 %	42,25 %
Termineinhaltungsquote	70,87 %	86,72 %	52,32 %
Abschlussquote	40,56 %	87,23 %	86,29 %

Die Kennzahlen fallen unterschiedlich gut oder schlecht aus, abhängig vom Mitarbeiter. Allerdings haben alle Durchschnittskennzahlen noch Verbesserungspotenzial nach oben. Die besten Abschlussquoten bieten Andreas und Anne. Die beste Termineinhaltungsquote hat Andreas, wobei die von Elisabeth auch noch akzeptabel sind. Die durchgängig stärkste Telefonquote bietet Elisabeth. Andreas stellt eine gute Benchmark für die Vertriebsmitarbeiter dar, da er insgesamt die besten Kennzahlen liefert. Dennoch kann diese wird von Elisabeth in der Telefonquote sogar geschlagen werden und Anne liegt in der Abschlussquote dicht an der Benchmark.

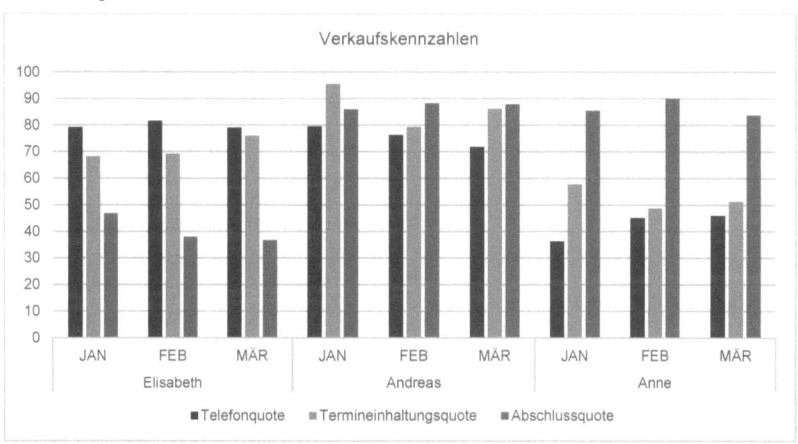

Abb. 1: Verkaufskennzahlen Q1 (eigene Darstellung)

Wie aus Tab. 4: Verkaufskennzahlen Q1 im Vergleich (eigene Darstellung) zu entnehmen ist, weißt hinsichtlich der Kennzahlen jeder Mitarbeiter eine persönliche Stärke auf. Elisabeth hat die beste Telefonquote, Andreas hingegen hat seine Stärken in der Termineinhaltungsquote und in der Abschlussquote und Anne ebenfalls in der Abschlussquote. Auf Grund dieser Erkenntnis sollte der Vertrieb so umstrukturiert werden, dass jeder Mitarbeiter seine Stärken nutzen kann. Auf diese Weise fallen entsprechende Schwächen nicht mehr so stark ins Gewicht und die Vertriebskennzahlen können optimiert werden. Somit lautet mein Vorschlag für die Umstrukturierung des Vertriebes wie folgt. Andreas bleibt Vertriebsleiter und fokussiert sich auf die Führung des Vertriebes. Darüber hinaus ist seine Aufgabe die Terminbestätigung, da er die beste Termineinhaltungsquote vorweisen kann. Elisabeth wird am Telefon eingesetzt und ist für die Terminvereinbarung mit Interessenten zuständig, da sie die beste Telefonquote aufweist.

Und Anne wird für den Abschluss von Mitgliedschaften eingesetzt, da sie mit Andreas die beste Abschlussquote aufweist. Unter der Annahme, dass die Kennzahlen pro

Mitarbeiter in der Zukunft gleich bleiben, gelten für den gesamten Vertrieb zusammen die Telefonquote von Elisabeth, die Termineinhaltungsquote von Andreas und die Abschlussquote von Anne. Zur Verbesserung der persönlichen Kennzahlen, sollten die Mitarbeiter sich untereinander austauschen und regelmäßige Schulungen durch den Vertriebsleiter durchgeführt werden, damit alle Mitarbeiter die Benchmark von Andreas bei jeder einzelnen Kennzahl erreichen oder sogar übertreffen.

4.2 Fluktuationsquote

Die Fluktuationsquote für das letzte Geschäftsjahr beträgt 21,77% (846/3886,75*100), berechnet nach der Formel, wie in Abb. 2: Fluktuationsquote ersichtlich. Die Anzahl der Abgänge beträgt 846 (Summe aller Abgänge). Der durchschnittliche Mitgliederbestand beträgt 3886,75 ((Summe aller Endstände des betrachteten Jahres)/12). Beträgt die Fluktuationsquote 16,77% verändern sich die Endstände und Abgänge wie in Abb. 2: Fluktuationsquote dargestellt. Bei gleichbleibenden Zugängen ergibt sich für jeden Monat ein neuer Endstand (Endstand = Endstand des Vormonats + Zugänge - Abgänge). Der neue durchschnittliche Mitgliederbestand beträgt 3902,92. Der durchschnittliche Jahresumsatz beträgt 2.341.766,88 € (Summe der neuen Endstände*50€). Dies hätte ein Umsatzwachs von knapp 10.000 € zur Bedeutung.

	DEZ Vorjahr	JAN	FEB	MÄR	APR	MAI	JUN	JUL	AUG	SEP	OKT	NOV	DEZ
Endstand	3650,00	3753	3813	3823	3831	3878	3886	3882	3906	3925	3960	3980	400
Endstand nach neuer Fluktuationsquote		3759,66	3828,39	3849,65	3849,61	3887,88	3899,09	3897,85	3915,88	3939,70	3974,47	4003,66	4029,5
Zugänge		132	127	126	89	90	65	65	67	83	98	123	13
Abgänge		29	67	116	81	43	57	69	43	64	63	103	11
Abgänge nach neuer Fluktuationsquote		22,34	51,61	89,35	62,39	33,12	43,91	53,15	33,12	49,30	48,53	79,34	85,5

Durchschnittlicher Mitgliederbestand	3886,75	Anzahl der Abgänge 846	Anzahl der Abgänge nach neuer Fluktuationsquote 651,6
Durchschnittlicher Mitgliederbestand nach neuer Fluktuationsquote	3902,92		

Fluktuationsquote	21,77 %	**Formel:**
neue Fluktuationsquote	16,77 %	Fluktuationsquote = Anzahl der Abgänge / Durchschnittlicher Mitgliederbestand*100
Faktor	0,77	

Jahresumsatz	2.332.050,00 €
Jahresumsatz nach neuer Fluktuationsquote	2.341.766,88 €

Abb. 2: Fluktuationsquote (eigene Darstellung)

5 Abbildungs- und Tabellenverzeichnis

5.1 Abbildungsverzeichnis

5.2 Tabellenverzeichnis

6 Literaturverzeichnis

Daniel Goleman (2002): Leading Resonant Teams. In: *Leader to Leader*, Sommer 2002 (25), S. 24–30. Online verfügbar unter http://leadertoleader.org/leaderbooks/L2L/ summer2002/goleman.html., zuletzt geprüft am 31.08.2017.

Das Selbstkonkordanz-Modell — Institut für Sport und Sportwissenschaft. Online verfügbar unter https://www.sport.uni-freiburg.de/de/institut/Arbeitsbereiche/psychologie/psych_proj/ssk/sktheorie, zuletzt geprüft am 28.08.2017.

Definition » Motivation « | Gabler Wirtschaftslexikon (2017). Online verfügbar unter http://wirtschaftslexikon.gabler.de/Definition/motivation.html, zuletzt aktualisiert am 28.08.2017, zuletzt geprüft am 28.08.2017.

Definition » Provision « | Gabler Wirtschaftslexikon. Online verfügbar unter http://wirtschaftslexikon.gabler.de/Definition/provision.html, zuletzt geprüft am 29.08.2017.

Dobelli, Rolf; Lang, Birgit (2015): Die Kunst des klaren Denkens. 52 Denkfehler, die Sie besser anderen überlassen. Ungekürzte Ausg., 12 Aufl. München: Dt. Taschenbuch-Verl. (dtv, 34826).

Franziska Herold (2003): Der Weg der Gruppe. Ein Überblick über verschiedene Gruppen- und Rollen theorien. Seminararbeit. Online verfügbar unter http://zrm.ch/images/stories/download/pdf/wissenschftl_arbeiten/seminararbeiten/seminararbeit_herold_20030502.pdf, zuletzt geprüft am 31.08.2017.

Markus Ebner (2013): Phasen der Teamentwicklung. Wie Führungskräfte sie gezielt begleiten können. In: *personal manager* (6). Online verfügbar unter https://www.ebner-team.com/wp-content/uploads/2014/06/2013_teamentwicklung.pdf, zuletzt geprüft am 30.08.2017.

Mühlbacher, Jürgen (2003): Rollenmodelle der Führung. Führungskräfte aus der Sicht der Mitarbeiter. Wiesbaden: Deutscher Universitätsverlag. Online verfügbar unter http://dx.doi.org/10.1007/978-3-322-81070-0.